**Matthias Fiedler**

# Η ιδέα του καινοτόμου matching ακινήτων: Η μεσιτεία ακινήτων με απλό τρόπο

Matching ακινήτων: Η αποτελεσματική, απλή και επαγγελματική μεσιτεία ακινήτων μέσω μιας καινοτόμου διαδικτυακής πύλης matching ακινήτων

# Στοιχεία έκδοσης

1η έκδοση ως έντυπο-βιβλίο | Φεβρουάριος 2017
(Δημοσιεύτηκε αρχικά στα γερμανικά, Δεκέμβριος 2016)

© 2016 Matthias Fiedler

Matthias Fiedler
Erika-von-Brockdorff-Str. 19
41352 Korschenbroich
Γερμανία
www.matthiasfiedler.net

Παραγωγή και εκτύπωση:
Βλέπε αποτύπωμα στην τελευταία σελίδα

Σχεδιασμός εξώφυλλου: Matthias Fiedler
Δημιουργία ηλεκτρονικού βιβλίου: Matthias Fiedler

ISBN-13 (Paperback): 978-3-947082-60-5
ISBN-13 (E-Book mobi): 978-3-947082-61-2
ISBN-13 (E-Book epub): 978-3-947082-62-9

Βιβλιογραφικές πληροφορίες της Εθνικής Βιβλιοθήκης της Γερμανίας: Η Εθνική Βιβλιοθήκη της Γερμανίας καταχωρεί αυτήν την έκδοση στη γερμανική εθνική βιβλιογραφία· λεπτομερή βιβλιογραφικά στοιχεία είναι διαθέσιμα στο διαδίκτυο στη διεύθυνση http://dnb.d-nb.de.

# ΠΕΡΙΕΧΟΜΕΝΟ

Σε αυτό το βιβλίο αναπτύσσεται μια επαναστατική μέθοδος για μια παγκόσμια διαδικτυακή πύλη matching ακινήτων (app – εφαρμογή) με τον υπολογισμό ενός σημαντικού δυναμικού πωλήσεων (δισεκατομμύρια ευρώ), η οποία ενσωματώνεται μαζί με την αξιολόγηση ακινήτων σε ένα κτηματομεσιτικό λογισμικό (δυναμικό πωλήσεων τρισεκατομμυρίων ευρώ). Με τον τρόπο αυτό είναι δυνατή η ιδιοκατοίκηση ή η ενοικίαση των οικιστικών ή των επαγγελματικών ακινήτων με αποτελεσματικό τρόπο, εξοικονομώντας παράλληλα χρόνο. Το matching ακινήτων αποτελεί το μέλλον της καινοτόμου και επαγγελματικής μεσιτείας ακινήτων για όλους τους κτηματομεσίτες και γι ᾽ αυτούς που ενδιαφέρονται για ακίνητα. Λειτουργεί σε όλες σχεδόν τις χώρες, ακόμα και διασυνοριακά.

Αντί τα ακίνητα να «μεταφέρονται» στον αγοραστή ή στον ενοικιαστή, η διαδικτυακή πύλη matching ακινήτων διαχωρίζει τους ενδιαφερόμενους (προφίλ αναζήτησης) και στη συνέχεια τους συγκρίνει και τους συνδέει με τα διαθέσιμα ακίνητα των κτηματομεσιτών.

# ΠΕΡΙΕΧΟΜΕΝΟ

# ΠΡΟΛΟΓΟΣ

Το 2011 μελέτησα και ανέπτυξα την ιδέα του καινοτόμου matching ακινήτων που περιγράφεται εδώ.

Από το 1998 εργάζομαι στον κτηματομεσιτικό τομέα (μεταξύ άλλων στη μεσιτεία ακινήτων, αγορά και πώληση, αξιολόγηση, ενοικίαση και ανάπτυξη οικοπέδων). Είμαι μεσίτης ακινήτων (Βιομηχανικό και Εμπορικό Επιμελητήριο - IHK), διπλωματούχος Οικονομολόγος Ακινήτων (ADI - Ακαδημία Οικονομικής Επιστήμης Ακινήτων) και εμπειρογνώμονας για την αξιολόγηση ακινήτων (DEKRA) καθώς και μέλος του διεθνώς αναγνωρισμένου συνδέσμου ακινήτων Royal Institution of Chartered Surveyors (MRICS).

Matthias Fiedler
Korschenbroich, 31/10/2016
www.matthiasfiedler.net

# 1. Η ιδέα του καινοτόμου matching ακινήτων: Η μεσιτεία ακινήτων με απλό τρόπο

**Matching ακινήτων: Η αποτελεσματική, απλή και επαγγελματική μεσιτεία ακινήτων μέσω μιας καινοτόμου διαδικτυακής πύλης matching ακινήτων**

Αντί τα ακίνητα να «μεταφέρονται» στον αγοραστή ή στον ενοικιαστή, η διαδικτυακή πύλη matching ακινήτων διαχωρίζει τους ενδιαφερόμενους (προφίλ αναζήτησης) και στη συνέχεια τους συγκρίνει και τους συνδέει με τα διαθέσιμα ακίνητα των κτηματομεσιτών.

## 2. Οι στόχοι των ενδιαφερόμενων και αυτών που προσφέρουν ακίνητα

Από την πλευρά του πωλητή και του εκμισθωτή των ακινήτων, σημασία έχει η γρήγορη πώληση ή ενοικίαση του ακινήτου σε όσο το δυνατόν υψηλότερη τιμή.

Από την πλευρά του ενδιαφερόμενου για την αγορά ή την ενοικίαση, σημασία έχει να βρει το ακίνητο που ανταποκρίνεται στις επιθυμίες του και να μπορεί να το αγοράσει ή να το ενοικιάσει γρήγορα και χωρίς εμπόδια.

## 3. Η μέχρι τώρα διαδικασία στην αναζήτηση ακινήτων

Κατά κανόνα οι ενδιαφερόμενοι ερευνούν τα ακίνητα της επιθυμητής περιοχής στις μεγάλες κτηματομεσιτικές πύλες στο διαδίκτυο. Εκεί μπορούν να ζητήσουν την αποστολή ακινήτων ή μια λίστα με τους αντίστοιχους συνδέσμους των ακινήτων μέσω ηλεκτρονικού ταχυδρομείου, εφόσον έχουν δημιουργήσει ένα σύντομο προφίλ αναζήτησης. Συχνά αυτό γίνεται σε 2-3 διαφορετικές κτηματομεσιτικές διαδικτυακές πύλες. Στη συνέχεια αυτοί που προσφέρουν τα ακίνητα ενημερώνονται συνήθως μέσω e-mail. Με τον τρόπο αυτό οι προσφέροντες έχουν τη δυνατότητα και την άδεια να επικοινωνήσουν με τον ενδιαφερόμενο.

Επιπλέον, οι ενδιαφερόμενοι ενημερώνουν μεμονωμένους κτηματομεσίτες στην επιθυμητή περιοχή, στους οποίους οι ενδιαφερόμενοι αφήνουν το προφίλ αναζήτησής τους.

Στις κτηματομεσιτικές διαδικτυακές πύλες αυτοί που προσφέρουν τα ακίνητα είναι ιδιώτες και επαγγελματίες. Οι επαγγελματίες αποτελούνται κυρίως από κτηματομεσίτες και εν μέρει από κατασκευαστικές εταιρείες, πωλητές ακινήτων και άλλες εταιρείες ακινήτων (στο κείμενο οι επαγγελματίες θα ονομάζονται κτηματομεσίτες).

## 4. Το μειονέκτημα του ιδιώτη προσφέροντος / το πλεονέκτημα του κτηματομεσίτη

Για ακίνητα που διατίθενται για πώληση από ιδιώτες πωλητές δεν δύναται να εγγυηθεί η άμεση πώληση καθώς π.χ. σε ένα κληρονομούμενο ακίνητο δεν επικρατεί πάντα συναίνεση μεταξύ των κληρονόμων ή δεν υπάρχει κληρονομητήριο. Εξάλλου, ενδέχεται τα ζητήματα που δεν έχουν διευθετηθεί νομικά, όπως μεταξύ άλλων το δικαίωμα κατοίκησης, να δυσχεράνουν μια πώληση.

Σε ακίνητα προς ενοικίαση ενδέχεται ο ιδιώτης εκμισθωτής να μην έχει φροντίσει για την παραλαβή υπηρεσιακών αδειών, π.χ. σε περίπτωση ενοικίασης ενός επαγγελματικού ακινήτου (χώρου) ως κατοικία.

Όταν ένας κτηματομεσίτης δραστηριοποιείται ως αυτός που προσφέρει ακίνητα, κατά κανόνα έχει διευθετήσει τα προαναφερόμενα ζητήματα.

Εκτός αυτού, συχνά διαθέτει ήδη όλα τα σχετικά έγγραφα του ακινήτου (κάτοψη, τοπογραφικό σχέδιο, πιστοποιητικό ενεργειακής απόδοσης, κτηματολόγιο, υπηρεσιακά έγγραφα κλπ.). Επομένως, η πώληση ή η ενοικίαση διεξάγεται γρήγορα και χωρίς επιπλοκές.

## 5. Matching ακινήτων

Για να επιτευχθεί το matching ακινήτων μεταξύ των ενδιαφερόμενων και του πωλητή ή του εκμισθωτή γρήγορα και αποτελεσματικά , είναι γενικότερα σημαντικό, να προσφέρεται μια συστηματική και επαγγελματική προσέγγιση. Στην προκείμενη περίπτωση αυτό διεξάγεται με μια αντίθετα στραμμένη προσέγγιση ή διαδικασία αναζήτησης και εύρεσης μεταξύ των κτηματομεσιτών και των ενδιαφερόμενων. Αυτό σημαίνει, αντί τα ακίνητα να «μεταφέρονται» στον αγοραστή ή στον ενοικιαστή, η διαδικτυακή πύλη matching ακινήτων (app –εφαρμογή) διαχωρίζει τους ενδιαφερόμενους (προφίλ αναζήτησης) και στη συνέχεια συγκρίνει και συνδέει τα διαθέσιμα ακίνητα των κτηματομεσιτών.

Στο πρώτο βήμα οι ενδιαφερόμενοι δημιουργούν ένα συγκεκριμένο προφίλ αναζήτησης στη διαδικτυακή πύλη matching ακινήτων. Το προφίλ αναζήτησης περιλαμβάνει περίπου 20 χαρακτηριστικά. Σημαντικά για το προφίλ αναζήτησης είναι μεταξύ άλλων τα παρακάτω χαρακτηριστικά (δεν αποτελεί πλήρη απαρίθμηση).

- Περιοχή/Τ.Κ./τόπος
- Είδος ακινήτου
- Μέγεθος οικοπέδου
- Επιφάνεια κατοικίας
- Τιμή πώλησης/μισθώματος
- Έτος κατασκευής
- Όροφος
- Αριθμός δωματίων
- Μισθωμένο (ναι/όχι)
- Υπόγειο (ναι/όχι)
- Μπαλκόνι/βεράντα (ναι/όχι)
- Είδος θέρμανσης
- Θέση πάρκινγκ (ναι/όχι)

Σημαντικό είναι να μην εισάγονται τα χαρακτηριστικά χωρίς συγκεκριμένη επιλογή, αλλά να επιλέγονται ή να ανοίγονται τα μεμονωμένα πεδία των χαρακτηριστικών (π.χ. είδος ακινήτου) από μια λίστα με προκαθορισμένες δυνατότητες/επιλογές (π.χ. είδος ακινήτου: διαμέρισμα, μονοκατοικία, αποθήκη, γραφείο ...).

Προαιρετικά ο ενδιαφερόμενος μπορεί να δημιουργήσει περισσότερα προφίλ αναζήτησης. Η τροποποίηση του προφίλ αναζήτησης είναι επίσης δυνατή.

Επιπλέον, οι ενδιαφερόμενοι εισάγουν τα πλήρη στοιχεία επικοινωνίας τους στα προκαθορισμένα πεδία. Τα στοιχεία αυτά αποτελούνται από ονοματεπώνυμο, οδό, αριθμό, ταχυδρομικό κώδικα, πόλη, τηλέφωνο και e-mail.
Οι ενδιαφερόμενοι παραχωρούν τη σχετική συγκατάθεσή τους για επικοινωνία και αποστολή

των κατάλληλων ακινήτων (περιγραφές) από σελίδες κτηματομεσιτών.

Παράλληλα οι ενδιαφερόμενοι συνάπτουν συμβόλαιο με τον ιδιοκτήτη της διαδικτυακής πύλης matching ακινήτων.

Στο επόμενο βήμα τα προφίλ αναζήτησης είναι διαθέσιμα στους συνδεδεμένους κτηματομεσίτες μέσω μιας διεπαφής προγραμματισμού εφαρμογών (API  –Application Programming Interface)  –η οποία π.χ. είναι συγκρίσιμη με τη διεπαφή προγραμματισμού εφαρμογών «openimmo» στη Γερμανία  –τα οποία ωστόσο δεν είναι ακόμα ορατά. Σημειώνεται ότι η διεπαφή προγραμματισμού εφαρμογών –δηλαδή το κλειδί για την υλοποίηση  –θα πρέπει να υποστηρίζει σχεδόν όλα τα κτηματομεσιτικά λογισμικά που χρησιμοποιούνται στην πράξη ή να διασφαλίζει τη μεταφορά. Αν όχι, θα πρέπει να καταστεί τεχνικά εφικτό. Καθώς στην πράξη υπάρχουν ήδη διεπαφές προγραμματισμού εφαρμογών, όπως η προαναφερόμενη διεπαφή «openimmo» και άλλες διεπαφές, θα πρέπει να είναι δυνατή η μεταφορά των προφίλ αναζήτησης.

Τώρα οι κτηματομεσίτες συγκρίνουν τα ακίνητά τους, που είναι διαθέσιμα για μεσιτεία, με τα προφίλ αναζήτησης. Για τον σκοπό αυτό τα ακίνητα εισάγονται στην πύλη matching ακινήτων και τα σχετικά χαρακτηριστικά συγκρίνονται και συσχετίζονται.

Μετά από επιτυχή σύγκριση προκύπτει ένα matching με ανάλογη αναφορά σε ποσοστά. –Σε matching που αντιστοιχεί π.χ. σε 50 % τα προφίλ αναζήτησης εμφανίζονται στο κτηματομεσιτικό λογισμικό.

Τα μεμονωμένα χαρακτηριστικά σταθμίζονται μεταξύ τους (σύστημα μορίων), ώστε μετά τη σύγκριση των χαρακτηριστικών να προκύπτει ένα ποσοστό για το matching (πιθανότητα αντιστοιχίας). –Π.χ. το χαρακτηριστικό «είδος ακινήτου» διαθέτει υψηλότερη βαρύτητα απ᾽ ότι το χαρακτηριστικό «επιφάνεια κατοικίας». Επιπλέον, είναι δυνατή η επιλογή συγκεκριμένων χαρακτηριστικών (π.χ. υπόγειο), που θα πρέπει να διαθέτει το συγκεκριμένο ακίνητο.

Όσο συγκρίνονται τα χαρακτηριστικά για το matching, θα πρέπει να δοθεί προσοχή, οι κτηματομεσίτες να έχουν πρόσβαση μόνο στις περιοχές που επιθυμούν (που έχουν επιλέξει). Αυτό συντομεύει τη διαδικασία σύγκρισης δεδομένων. Διότι οι κτηματομεσίτες συχνά δραστηριοποιούνται σε τοπικό επίπεδο. –Θα πρέπει να σημειωθεί ότι μέσω των γνωστών «cloud» σήμερα έχουμε τη δυνατότητα να αποθηκεύουμε και να επεξεργαζόμαστε μεγάλες ποσότητες δεδομένων.

Για να διασφαλιστεί η επαγγελματική μεσιτεία ακινήτων, έχουν πρόσβαση στα προφίλ αναζήτησης μόνο κτηματομεσίτες.

Για τον σκοπό αυτό οι κτηματομεσίτες συνάπτουν ένα συμβόλαιο με τον ιδιοκτήτη της διαδικτυακής πύλης matching ακινήτων. Μετά από κάθε αντιστοίχιση/matching οι κτηματομεσίτες μπορούν να επικοινωνήσουν με τους ενδιαφερόμενους και αντίστροφα οι ενδιαφερόμενοι με τους κτηματομεσίτες. Αυτό σημαίνει επίσης, ότι όταν οι κτηματομεσίτες αποστείλουν μια περιγραφή στον ενδιαφερόμενο, καταγράφεται ένα στοιχείο δραστηριότητας ή η απαίτηση του κτηματομεσίτη για προμήθεια σε περίπτωση πώλησης ή εκμίσθωσης.

Αυτό προϋποθέτει ότι ο κτηματομεσίτης έχει λάβει την εντολή από τον ιδιοκτήτη (πωλητή ή εκμισθωτή) σχετικά με τη μεσιτεία του ακινήτου ή διαθέτει τη συγκατάθεση να προσφέρει το ακίνητο.

## 6. Πεδία εφαρμογής

Το matching ακινήτων που περιγράφεται εδώ εφαρμόζεται για ακίνητα προς πώληση ή ενοικίαση στον τομέα των οικιστικών ή επαγγελματικών ακινήτων. Για επαγγελματικά ακίνητα απαιτούνται αντίστοιχα περισσότερα χαρακτηριστικά ακινήτου.

Στην πλευρά των ενδιαφερόμενων, όπως συνηθίζεται στην πράξη, μπορεί να βρίσκεται και ένας κτηματομεσίτης, εάν π.χ. ενεργεί κατ᾽ εντολή πελατών.

Από γεωγραφική άποψη η διαδικτυακή πύλη matching ακινήτων μπορεί να μεταφερθεί σχεδόν σε κάθε χώρα.

# 7. Πλεονεκτήματα

Το matching ακινήτων προσφέρει σημαντικά πλεονεκτήματα στους ενδιαφερόμενους, αν π.χ. αναζητούν ένα ακίνητο στην περιοχή τους (τόπο κατοικίας) ή σε μια ενδεχόμενη αλλαγή επαγγελματικής έδρας σε άλλη πόλη/περιοχή. Εσείς δημιουργείτε μόνο μια φορά το προφίλ αναζήτησης και οι κτηματομεσίτες που δραστηριοποιούνται στην επιθυμητή περιοχή σας αποστέλλουν τα κατάλληλα ακίνητα.

Οι κτηματομεσίτες επωφελούνται από μεγάλα πλεονεκτήματα, όσον αφορά την αποτελεσματικότητα και την εξοικονόμηση χρόνου στην πώληση ή στην εκμίσθωση.
Λαμβάνετε άμεσα μια σύνοψη για το πόσο υψηλό είναι το δυναμικό από συγκεκριμένους ενδιαφερόμενους για τα από εσάς προσφερόμενα ακίνητα.

Επιπλέον, οι κτηματομεσίτες μπορούν να απευθυνθούν άμεσα στην ανάλογη ομάδα στόχο (π.χ. αποστέλλοντας την περιγραφή του ακινήτου), η οποία δημιουργώντας ένα προφίλ αναζήτησης έχει κάνει συγκεκριμένες σκέψεις για το επιθυμητό ακίνητο.

Με αυτόν τον τρόπο αυξάνεται η ποιότητα της επικοινωνίας με τους ενδιαφερόμενους, οι οποίοι γνωρίζουν αυτό που αναζητούν. Επομένως μειώνεται και ο αριθμός των ραντεβού επίσκεψης των ακινήτων που θα ακολουθήσουν. –Συνεπώς μειώνεται το σύνολο του χρονικού διαστήματος διάθεσης του προσφερόμενου ακινήτου στην αγορά.

Έπειτα από την επίσκεψη του προσφερόμενου ακινήτου από τους ενδιαφερόμενους διεξάγεται – όπως συνήθως –η σύναψη του συμβολαίου αγοράς ή μίσθωσης.

## 8. Παράδειγμα υπολογισμού (δυναμικό) – μόνο ιδιοκατοικούμενα διαμερίσματα και μονοκατοικίες (χωρίς μισθωμένα διαμερίσματα, μονοκατοικίες και επαγγελματικά ακίνητα)

Από το παρακάτω παράδειγμα φαίνεται, ποιο δυναμικό κρύβει η διαδικτυακή πύλη matching ακινήτων.

Σε μια περιοχή εγκατάστασης με 250.000 κατοίκους, όπως είναι η πόλη Mönchengladbach, υπάρχουν μετά από στατιστική στρογγυλοποίηση 125.000 νοικοκυριά (2 κάτοικοι ανά νοικοκυριό). Το μέσο ποσοστό μετακόμισης αντιστοιχεί σε περίπου 10 %. Επομένως μετακομίζουν 12.500 νοικοκυριά ανά έτος. –Δεν λήφθηκε υπόψη το υπόλοιπο από μετακομίσεις προς και από την πόλη του Mönchengladbach. –Περίπου 10.000 νοικοκυριά (80 %) αναζητούν ένα ακίνητο προς ενοικίαση και περίπου 2.500 νοικοκυριά (20 %) ένα ακίνητο προς αγορά.

Σύμφωνα με την έκθεση για την αγορά οικοπέδων της επιτροπής εμπειρογνωμόνων του δήμου Mönchengladbach υπήρξαν 2.613 περιπτώσεις αγοράς ακινήτων κατά το 2012. – Αυτό επιβεβαιώνει τον προαναφερόμενο αριθμό των 2.500 ενδιαφερόμενων για αγορά. Στην πραγματικότητα θα είναι περισσότεροι, διότι δεν βρίσκουν όλοι οι ενδιαφερόμενοι κάποιο ακίνητο. Εκτιμάται ότι ο αριθμός των πραγματικών ενδιαφερόμενων ή συγκεκριμένα ο αριθμός των προφίλ αναζήτησης θα είναι διπλάσιος απ 'ότι το μέσο ποσοστό μετακόμισης των περίπου 10 %, δηλαδή 25.000 προφίλ αναζήτησης. Εδώ λαμβάνεται επίσης υπόψη ότι οι ενδιαφερόμενοι δημιουργούν περισσότερα προφίλ αναζήτησης στην πύλη matching ακινήτων.

Αξιοσημείωτο είναι επίσης ότι, όπως η εμπειρία έχει δείξει μέχρι σήμερα, περίπου οι μισοί ενδιαφερόμενοι (αγοραστές και ενοικιαστές) έχουν βρει το ακίνητό τους μέσω ενός κτηματομεσίτη, επομένως συνολικά 6.250 νοικοκυριά.

Η εμπειρία όμως έχει δείξει επίσης ότι τουλάχιστον 70 % όλων των νοικοκυριών διεξήγαγαν αναζήτηση μέσω κτηματομεσιτικών πυλών στο διαδίκτυο, επομένως συνολικά 8.750 νοικοκυριά (αντιστοιχεί σε 17.500 προφίλ αναζήτησης).

Αν το 30 % όλων των ενδιαφερομένων, δηλαδή 3.750 νοικοκυριά (αντιστοιχεί σε 7.500 προφίλ αναζήτησης) σε μια πόλη όπως το Mönchengladbach, δημιουργήσουν ένα προφίλ αναζήτησης στη διαδικτυακή πύλη matching ακινήτων (app –εφαρμογή), οι συνδεδεμένοι κτηματομεσίτες θα μπορούσαν να προσφέρουν ετησίως τα κατάλληλα ακίνητα μέσα από 1.500

συγκεκριμένα προφίλ αναζήτησης (20 %) στους ενδιαφερόμενους αγοράς και μέσα από 6.000 συγκεκριμένα προφίλ αναζήτησης (80 %) στους ενδιαφερόμενους ενοικίασης.

Αυτό σημαίνει ότι με μια μέση διάρκεια αναζήτησης 10 μηνών και με μια ενδεικτική τιμή σε ύψος 50 € ανά μήνα για κάθε προφίλ αναζήτησης που έχει δημιουργηθεί από τους ενδιαφερόμενους, προκύπτει για 7.500 προφίλ αναζήτησης ένα δυναμικό πωλήσεων σε ύψος 3.750.000 € ετησίως σε μια πόλη με 250.000 κατοίκους.

Διεξάγοντας έναν υπολογισμό για την Ομοσπονδιακή Δημοκρατία της Γερμανίας με 80.000.000 (80 εκατομμύρια) κατοίκους κατόπιν στρογγυλοποίησης, προκύπτει ένα δυναμικό πωλήσεων 1.200.000.000 € (1,2 δισεκατομμύρια ευρώ) ετησίως. –Αν αντί του 30 % όλων των ενδιαφερόμενων θα αναζητούσε π.χ. το 40 % όλων των ενδιαφερόμενων το ακίνητο μέσω της διαδικτυακής πύλης matching ακινήτων, το δυναμικό πωλήσεων θα αντιστοιχούσε σε 1.600.000.000 € (1,6 δισεκατομμύρια ευρώ) ετησίως.

Αυτό το δυναμικό πωλήσεων αναφέρεται μόνο στα διαμερίσματα και τις μονοκατοικίες που ιδιοκατοικούνται. Σε αυτόν τον υπολογισμό δυναμικού δεν περιλαμβάνονται τα ακίνητα προς ενοικίαση ή τα ακίνητα απόδοσης κεφαλαίου στον τομέα των οικιστικών ακινήτων και το σύνολο του τομέα επαγγελματικών ακινήτων.

Σε έναν αριθμό περίπου 50.000 επιχειρήσεων στον τομέα της μεσιτείας ακινήτων (συμπεριλαμβανομένων των κατασκευαστικών εταιρειών, πωλητών ακινήτων και λοιπών εταιρειών ακινήτων) στη Γερμανία με περίπου 200.000 απασχολούμενους και ένα ενδεικτικό ποσοστό των 20 % αυτών των 50.000 επιχειρήσεων, που χρησιμοποιούν την πύλη matching ακινήτων κατά μέσο όρο με δύο άδειες, προκύπτει με μια ενδεικτική τιμή των 300 €

μηνιαίως ανά άδεια ένα δυναμικό πωλήσεων των 72.000.000 € (72 εκατομμύρια ευρώ) ετησίως. Επιπλέον, θα πρέπει να γίνει μια τοπική κράτηση για τα εκεί προφίλ αναζήτησης, ώστε να μπορεί να δημιουργηθεί ανάλογα με τη διαμόρφωση ένα περαιτέρω σημαντικό δυναμικό πωλήσεων.

Οι κτηματομεσίτες δεν θα απαιτείται πλέον με το μεγάλο δυναμικό ενδιαφερομένων με συγκεκριμένα προφίλ αναζήτησης να ενημερώνουν διαρκώς τη δική τους βάση δεδομένων με τους ενδιαφερόμενους –εφόσον διαθέτουν μια τέτοια βάση δεδομένων. Διότι ο αριθμός των πρόσφατων προφίλ αναζήτησης θα ξεπεράσει κατά πάσα πιθανότητα τον αριθμό των προφίλ αναζήτησης που έχουν καταχωρήσει πολλοί κτηματομεσίτες στη βάση δεδομένων τους.

Αν αυτή η καινοτόμος διαδικτυακή πύλη matching ακινήτων εφαρμοστεί σε περισσότερα κράτη, θα μπορούν οι ενδιαφερόμενοι αγοραστές από τη Γερμανία να δημιουργήσουν ένα προφίλ αναζήτησης για κατοικίες διακοπών στο μεσογειακό νησί Mallorca (Ισπανία) και οι συνδεδεμένοι κτηματομεσίτες στη Mallorca να παρουσιάσουν το κατάλληλο διαμέρισμα στους ενδιαφερόμενους αγοραστές από τη Γερμανία. – Σε περίπτωση που οι απεσταλμένες περιγραφές είναι διατυπωμένες στα ισπανικά, οι ενδιαφερόμενοι έχουν σήμερα τη δυνατότητα να μεταφράσουν σε ελάχιστο χρόνο με τη βοήθεια μεταφραστικών προγραμμάτων το κείμενο στη γερμανική γλώσσα.

Για να υλοποιηθεί το matching των προφίλ αναζήτησης και των διαθέσιμων ακινήτων διαγλωσσικά, μπορεί εντός της πύλης matching ακινήτων να διεξαχθεί μια σύγκριση των εκάστοτε χαρακτηριστικών με βάση των προγραμματισμένων (μαθηματικών) χαρακτηριστικών –ανεξάρτητα από τη γλώσσα –

30

και στη συνέχεια θα κατατάσσεται η εκάστοτε γλώσσα.

Με την εφαρμογή της πύλης matching ακινήτων σε όλες τις ηπείρους, το δυναμικό πωλήσεων (μόνο ενδιαφερόμενοι αναζήτησης) θα απεικονιζόταν με έναν απλό υπολογισμό ως εξής.

Παγκόσμιος πληθυσμός:
7.500.000.000 (7,5 δισεκατ.) κάτοικοι

1. Πληθυσμός σε αναπτυγμένες χώρες και σε κατά μεγάλο μέρος αναπτυγμένες χώρες: 2.000.000.000 (2,0 δισεκατ.) κάτοικοι

2. Πληθυσμός σε αναδυόμενες χώρες: 4.000.000.000 (4,0 δισεκατ.) κάτοικοι

3. Πληθυσμός σε αναπτυσσόμενες χώρες: 1.500.000.000 (1,5 δισεκατ.) κάτοικοι

Το ετήσιο δυναμικό πωλήσεων της Ομοσπονδιακής Δημοκρατίας της Γερμανίας σε ύψος 1,2 δισεκατομμύρια ευρώ για 80 εκατομμύρια κατοίκους υπολογίζεται με τους παρακάτω τεκμαρτούς συντελεστές όσον αφορά τις αναπτυγμένες, αναδυόμενες και αναπτυσσόμενες χώρες.

1. Αναπτυγμένες χώρες:       1,0

2. Αναδυόμενες χώρες:        0,4

3. Αναπτυσσόμενες χώρες:     0,1

Επομένως προκύπτει το παρακάτω ετήσιο δυναμικό πωλήσεων (1,2 δισεκατ. ευρώ x πληθυσμός (αναπτυγμένες, αναδυόμενες και αναπτυσσόμενες χώρες) / 80 εκατομμύρια κάτοικοι x συντελεστής).

1. Αναπτυγμένες χώρες:      30,00 δισεκατ. €

2. Αναδυόμενες χώρες:      24,00 δισεκατ. €

3. Αναπτυσσόμενες χώρες:    2,25 δισεκατ. €

   **Σύνολο:**            **56,25 δισεκατ. €**

## 9. Συμπέρασμα

Με την πύλη matching ακινήτων, που παρουσιάζεται εδώ, προσφέρονται σημαντικά πλεονεκτήματα στα άτομα που αναζητούν ακίνητα (τους ενδιαφερόμενους) και τους κτηματομεσίτες.

1. Οι ενδιαφερόμενοι μειώνουν σημαντικά τον χρόνο για την αναζήτηση των κατάλληλων ακινήτων καθώς δημιουργούν μόνο μια φορά το δικό τους προφίλ αναζήτησης.

2. Οι κτηματομεσίτες λαμβάνουν μια συνολική εικόνα για τον αριθμό των ενδιαφερόμενων που διαθέτουν ήδη συγκεκριμένες επιθυμίες (προφίλ αναζήτησης).

3. Οι ενδιαφερόμενοι λαμβάνουν από όλους τους κτηματομεσίτες (σύμφωνα με το προφίλ αναζήτησης) μόνο τα επιθυμητά ή

κατάλληλα ακίνητα (δηλαδή μια αυτόματη προεπιλογή).

4. Οι κτηματομεσίτες μειώνουν τον κόπο που απαιτείται για την ενημέρωση της δικής τους βάσης δεδομένων για τα προφίλ αναζήτησης, καθώς υπάρχει διαθέσιμος διαρκώς ένας μεγάλος αριθμός πρόσφατων προφίλ αναζήτησης.

5. Επειδή είναι συνδεδεμένοι στην πύλη matching ακινήτων μόνο επαγγελματίες κτηματομεσίτες, οι ενδιαφερόμενοι έχουν να κάνουν με επαγγελματίες και συχνά έμπειρους κτηματομεσίτες.

6. Οι κτηματομεσίτες μειώνουν τον αριθμό των ραντεβού επίσκεψης των ακινήτων και συνολικά τον χρόνο πώλησης. Αντίθετα μειώνεται και από την πλευρά των ενδιαφερόμενων ο αριθμός των ραντεβού επίσκεψης των ακινήτων και ο χρόνος για τη σύναψη ενός συμβολαίου αγοράς ή μίσθωσης.

7. Οι ιδιοκτήτες των ακινήτων που προσφέρονται για πώληση ή ενοικίαση εξοικονομούν επίσης χρόνο. Συν τοις άλλοις, τα ενοικιαζόμενα ακίνητα παραμένουν κενά για μικρότερο χρονικό διάστημα και το αντίτιμο αγοράς καταβάλλεται νωρίτερα για τα ακίνητα προς πώληση μέσω μιας πιο σύντομης ενοικίασης ή πώλησης. Επομένως προκύπτει και ένα οικονομικό πλεονέκτημα.

Με την υλοποίηση ή την εφαρμογή της συγκεκριμένης ιδέας του matching ακινήτων επιτυγχάνεται μια σημαντική πρόοδος στη μεσιτεία ακινήτων.

## 10. Ενσωμάτωση της διαδικτυακής πύλης matching ακινήτων σε καινούργιο κτηματομεσιτικό λογισμικό συμπεριλαμβανομένης της αξιολόγησης ακινήτων

Για την ολοκλήρωση της εδώ περιγραφόμενης διαδικτυακής πύλης matching ακινήτων αυτή μπορεί ή οφείλει να είναι από την αρχή το βασικό μέρος ενός καινούργιου κτηματομεσιτικού λογισμικού, που στην ιδανική περίπτωση θα χρησιμοποιείται παγκοσμίως. Αυτό σημαίνει ότι οι κτηματομεσίτες μπορούν είτε να χρησιμοποιούν την πύλη matching ακινήτων συμπληρωματικά προς το δικό τους κτηματομεσιτικό λογισμικό ή στην ιδανική περίπτωση να χρησιμοποιούν το καινούργιο κτηματομεσιτικό λογισμικό συμπεριλαμβανομένης της αξιολόγησης ακινήτου.

Με την ενσωμάτωση αυτής της αποτελεσματικής και καινοτόμου πύλης matching ακινήτων σε ένα λογισμικό ακινήτων δημιουργείται ένα θεμελιώδες στοιχείο διαφοροποίησης για το κτηματομεσιτικό λογισμικό, που θα είναι ουσιαστικό για τη διείσδυση στην αγορά.

Καθώς στη μεσιτεία ακινήτων η αξιολόγηση ακινήτων αποτελεί και παραμένει πάντα ένα κυρίαρχο μέρος, θα πρέπει οπωσδήποτε να ενσωματωθεί στο κτηματομεσιτικό λογισμικό ένα εργαλείο αξιολόγησης ακινήτων. Η αξιολόγηση ακινήτων με τους αντίστοιχους τρόπους υπολογισμού μπορεί να χρησιμοποιεί τα σχετικά δεδομένα/τις σχετικές παραμέτρους από τα καταχωρημένα/δημιουργηθέντα ακίνητα των κτηματομεσιτών μέσω συσχετίσεων. Ελλιπείς παράμετροι θα συμπληρώνονται ενδεχομένως από τον κτηματομεσίτη με βάση τη δική του επαγγελματική εμπειρία στην τοπική αγορά.

Επιπλέον, το κτηματομεσιτικό λογισμικό θα πρέπει να παρέχει τη δυνατότητα για την ενσωμάτωση της εικονικής περιήγησης των διαθέσιμων ακινήτων. Κάτι τέτοιο θα μπορούσε να απλοποιηθεί, αν αναπτυχθεί για κινητά ή/και τάμπλετ μια πρόσθετη εφαρμογή (app), η οποία μετά από επιτυχή ενσωμάτωση της εικονικής περιήγησης θα την ενσωματώνει αυτόματα στο κτηματομεσιτικό λογισμικό.

Όταν η αποτελεσματική και καινοτόμος διαδικτυακή πύλη matching ακινήτων ενσωματωθεί σε ένα καινούργιο κτηματομεσιτικό λογισμικό, το δυνητικό δυναμικό πωλήσεων αυξάνεται και πάλι σημαντικά.

---

Matthias Fiedler

Korschenbroich,
31/10/2016

Matthias Fiedler
Erika-von-Brockdorff-Str. 19
41352 Korschenbroich
Γερμανία
www.matthiasfiedler.net